La Marche de l'aveugle sans son chien

Du même auteur

Monsieur Isaac, en collaboration avec Gilles Racette, Éditions de l'Actuelle, 1973.

Ças suivi de **Trois**, Les Herbes Rouges, nº 20, 1974.

Le Texte justement, Les Herbes Rouges, nº 34, 1976.

L'Appareil, en collaboration avec Marcel Labine, Les Herbes Rouges, nº 38, 1976.

Les Grandes Familles, Les Herbes Rouges, nº 52, 1977.

La Belle Conduite, Les Herbes Rouges, nº 63, 1978.

Pourvu que ça ait mon nom, en collaboration avec Roger Des Roches, Éditions Les Herbes Rouges, 1979.

Dans la conversation et la diction des monstres, Les Herbes Rouges, nº 81, 1980.

Le Livre du devoir, Éditions Les Herbes Rouges, 1983.

Miser, Éditions de la Nouvelle Barre du Jour, 1984.

Straight Prose ou **La Mort de Socrate**, Éditions de la Nouvelle Barre du Jour, 1984.

Les Matières de ce siècle, en collaboration avec Marcel Labine, Les Herbes Rouges, nº 130, 1984.

Cold Cuts un/deux, Les Herbes Rouges, nº 136, 1985.

À propos du texte/textualisation, en collaboration avec Jean Yves Collette, Éditions de la Nouvelle Barre du Jour, 1985.

Lascaux, Éditions Les Herbes Rouges, 1985.

Quand on a une langue, on peut aller à Rome, en collaboration avec Louise Dupré, Éditions de la Nouvelle Barre du Jour, 1986.

Catégoriques un deux et trois, Écrits des Forges, 1986. (Traduction anglaise de Douglas Jones, Coach House Press, 1992.)

À double sens, échange sur quelques pratiques modernes, en collaboration avec Hugues Corriveau, Éditions Les Herbes Rouges, 1986.

Heureusement, ici il y a la guerre, Éditions Les Herbes Rouges, 1987.

Ce que disait Alice, Éditions L'Instant même, 1989.

Obscènes, Éditions Les Herbes Rouges, 1991.

Notte Oscura, en collaboration avec Alain Laframboise, Éditions du Noroît, 1993.

Nous mentons tous, Éditions Québec Amérique, 1997.

Normand de Bellefeuille

La Marche de l'aveugle sans son chien

mains libres

ÉDITIONS QUÉBEC AMÉRIQUE
329, RUE DE LA COMMUNE, MONTRÉAL (QUÉBEC) H2Y 2E1 (514) 499-3000

Données de catalogage avant publication (Canada)

de Bellefeuille, Normand, 1949-

La Marche de l'aveugle sans son chien

(Mains libres)
Poèmes.

ISBN 2-7644-0006-3

I. Titre. II. Collection.

PS8553.E457M37 1999 C843'.54 C99-941296-5
PS9553.E457M37 1999
PQ3919.2.B44M37 1999

Les Éditions Québec Amérique bénéficient du programme de subvention globale du Conseil des Arts du Canada.

Le Conseil des Arts du Canada | The Canada Council for the Arts

Elles reçoivent aussi l'appui financier de la SODEC, qu'elles remercient.

SODEC Québec

Nous reconnaissons l'aide financière du gouvernement du Canada par l'entremise du Programme d'aide au développement de l'industrie de l'édition (PADIÉ) pour nos activités d'édition.

Partition musicale : Sylvain Lelièvre

Diffusion :
Messageries ADP
955, rue Amherst
Montréal (Québec), H2L 3K4
(514) 523-1182 • télécopieur : (514) 939-0406
extérieur : 1-800-361-4806

Dépôt légal : 3e trimestre 1999
Bibliothèque nationale du Québec
Bibliothèque nationale du Canada

Révision linguistique : Diane-Monique Daviau
Mise en pages : PAGEXPRESS

à Sylvain, Monique et Évelyn

1

La mort est verticale

(Douleur : chantée)

1995

Les vivants sont un groupe à risque

André Comte-Sponville

1.

La douleur compte ses nids
ma douleur compte ses nids
s'arrête à trois
nids blancs
comme des linges de fiancée
dans l'herbe large
j'ai des linges de fiancée
sous les côtes gauches
des loups enfermés
et des bêtes de nuit
la douleur compte ses nids
ma douleur n'en finit plus
a la lenteur des apparitions
mirages de chemins
et le long bond facile
des loups enfermés
et des bêtes de nuit
sous les côtes gauches
de l'homme
qui compte ses nids
s'arrête à trois
puis crie :
blancs ! le nouveau monde !

2.

La douleur a ma permission :
ma douleur s'imagine gibier
gras de sang
dans la petite clarté du jardin
offert, ventre et tête
ne remuant que du souffle
d'une fin de nuit
puis fait quelques pas
s'arrête à trois et
l'homme qui n'a jamais ri de sa douleur
arme, épaule
et la douleur se retourne sur le flanc
dans l'herbe large
silencieuse et
exagérée douleur de nuit
de s'imaginer ainsi se vidant de son
sang
jusqu'à en ébranler la prairie

car elle a ma permission
et c'est elle qui a choisi le gibier :
pour la vitesse et l'abandon.

3.

La douleur, exagérée
lui murmure :
tu es un survivant avec tes poumons
étroits
s'avance dans tout son corps
à la manière de chevaux amoureux
avec du blé aux talons
lui irritant les bronches les vertèbres
lui ravageant le muscle doux
tel que c'est de souffrir
avec des couteaux
et des fougères aux endroits souples
des épis à chaque orifice
s'arrête à trois
s'arrête à l'instant inouï
du cri de l'homme
qui a cru voir
les nids roux de sa douleur :
mouchoirs dénoués et tranquilles
au plus près du cœur
de l'homme qui a cru voir
le marin se noyer.

4.

La douleur :
ses plaques, ses carreaux
ma douleur :
une grille
imagine de la soie sur des rails
de la suie aux chevaux
de Lascaux
un esquif magnifique
mais qui sans sa voile
dérive
une volaille pâle
décapitée
dans les tempêtes de la planète
et qui compte les métropoles
qu'elle éclabousse
s'arrête à trois
plaques, carreaux et grilles
compte et se moque
moque des morts
qui ne savent rien de la mort
ni le mot ni le nombre
non plus que sa morsure
qui te casse
le bas du dos.

5.

La douleur retient
mon souffle
long buvard vert ou gris sombre
comme une planche sous le corps
où l'os qui pointe, silex lourd
écrit
compte
s'arrête à trois
compte et trace
quelques drapeaux
un bout de mer et tous ses poissons
de lourds flacons
aux odeurs de gouache fraîche
qui est aussi
c'est étonnant
l'odeur des entrejambes trop propres
quand les deux genoux
exagérés genoux de nuit
pôles écartés
luisent d'huile douce
dans un seul cri :
malgré la douleur
retenir
mon souffle
et sa langue inconnue.

6.

Une douleur terrestre
une douleur de planète
qui, marche lente
la marche de l'aveugle
sans son chien
autour des pôles et sur les lignes
de la planète
la douleur, parfois : un seul prénom
Béatrice, Laure ou Marie
la douleur d'une seule ville, imagine
une chatte éventrée dans une ruelle
à Florence, imagine
les oiseaux trop gras
éclatés, de Padoue
une douleur de monde entier
terrestre
de marche lente
celle de l'aveugle sans son
chien
trébuchant à chaque lente enjambée
retenue de sa chute
contre les lignes
verticales de la planète

douleurs : fleurs d'encre
d'air dur sous les ailes
blessées des faisans gris.

7.

Il y a d'autres douleurs
jusque sur les rivières
que l'on pense à la barque de Dante
ou aux petits crabes dans les cheveux
d'Ophélie
à la nage de l'aveugle
contre la vague lourde
il y a d'autres douleurs
jusque sous la mer
le galop grotesque des hippocampes
les noyées amoureuses
mortes encore amoureuses
aux seins ouverts par les dents étroites
des lottes grasses
car il y a d'autres douleurs
sans cris, sous la mer
que l'on pense aux enfants sous la mer
du plomb aux chevilles
des algues plein la bouche
des algues plein l'anus

car il y a des douleurs, aussi
qui ne se racontent pas.

8.

Car il en est de la douleur
comme du dur regard du père
sur les ongles sales de son fils :
définitif, malgré le plus grand amour
il en est de la douleur
comme du chuchotement des insectes
dans l'herbe large, sous le pied
lourd du père, définitif
ne pensant qu'aux ongles sales
de son fils
qu'au cercle gras du cou
qu'à ses aines tatouées de sperme froid
malgré le plus grand amour
il en est de la douleur
comme du démantèlement du jour
et si je sais qu'il fait nuit
je ne juge pas par la lumière
plutôt par le cri, définitif
des bêtes océanes
plutôt par l'odeur, colle et urine
du malheur
comme des incendies.

9.

Je dis que la douleur c'est
mille boîtes retournées dans mon corps
c'est ce que m'a causé
l'amante
et c'est ce que m'a
causé la douleur
mille boîtes retournées dans mon
corps et
au retour
je n'ai jamais retrouvé ma rue
jamais retrouvé le cœur
ni tous ses logements
retrouvé que le ciel qui est le vent par-
dessous
puisque cette précision de la douleur
ce n'est, au contraire du cœur
et de tous ses logements
que le ciel qui est le vent
par-dessous
que quelques couteaux aux cheveux
de l'amante

car s'il n'y a plus de chats cette année-là
interminables sont alors à toutes deux
mes saisons :
amante
et douleur.

10.

La douleur pourtant
n'est pas un récit
sur les animaux du désert
la douleur n'est pas non plus
le pressentiment des océans
ni le chant des requins
la douleur est fervente
mais sans feinte, affolement
ou méthode
la douleur est sans méthode
comme le jeune assaut de l'amante
et ses quatre mouillures
dont une, imprévisible, aux épaules
puis trois aux paupières
que l'on croirait être des organes
tant l'amante est fervente
et sans feinte
tant l'amante est sans méthode
quand elle roule et inonde

la douleur est à peu près comme
ça
mais la douleur en est
la couleur abominable
et la face retournée.

11.

Sans mécanique, la douleur
n'est souvent que la partie chantée
du corps
n'est qu'un oiseau ordinaire
pas mal de choses pourtant
dans cette partie chantée du corps :
un petit port italien
quelques trous dangereux
la menace brève du doigt
sans mécanique
cette partie chantée du corps
est comme une étoffe gaie
comme la poudre droite, blanche
et sa lame
mais aussi bien
une raie de couleur sur la peau d'une
bête
rapide
la douleur est une marque
et une parole

cependant, je veux dire autre chose :
c'est sur les bords de la douleur
que la parole fait mal
alors que ceux qui hésitent
ferment leurs fenêtres.

12.

Il faut que la douleur
ait un ordre
pas de sens
mais un ordre, seul
une langue peut-être
qui nous assurerait
que même le ciel est mortel
le ciel
et jusqu'aux quatre coins du ciel
pas les nuages
je n'ai rien à faire des nuages
du sens des nuages
de l'alphabet des nuages
et de leur centre noir

car je ne vois rien
d'autre que le tonnerre
pour la douleur
et pour sa langue
que je veux
radicale.

13.

Faire signe que non à la douleur
prétendre, chaque fois
que l'étoile n'a pas croulé
ou que le ciel
chaque soir, élégant
se peigne de quelques branches
laissons cela, puisque
la douleur est sans théâtre
pour la partie chantée du corps
ne ressemble jamais
immobile à grands pas
à ces bêtes de pelouse
souriantes et ligneuses
puisque la douleur
ne s'imagine pas sans la profondeur
sans les viscères
sans la beauté lente
de quelques répétitions
puisque la douleur s'arrête à trois
quand elle compte ses nids
ma douleur s'arrête à trois :
nids blancs :
trois linges de fiancée
sous les côtes gauches.

14.

La douleur lèche
longuement lèche l'épaule
démise de l'homme qui
tombé
compte ses nids
s'arrête à trois, blancs
nids d'oiseaux, lèche
en lèche le jus d'hirondelle
à pleine langue dans les salives
et les morves lourdes
de vie, plumes et petits os
entre les dents et dans les joues
blessant les gencives sous
le palais chatouillé de duvet
et de bave douce

car la douleur lèche
et laisse des goûts
étonnants dans la gorge
étonnée
de tant d'amour
étonnée d'être femelle.

15.

La douleur est une danse
drôle
toute de pas impossibles
et le corps souvent s'y perd
retourné et repu
dramatique de tant de pas
impossibles
la douleur est une danse
de langouste
et de robe ouverte
sur la mer
une danse de tribu
antillaise, à la fin du jour
une danse italienne
pleine d'odeurs
et de nourritures brûlantes

la douleur est une danse
ronde
une farce
et le corps souvent s'y perd
au cirque.

16.

La douleur est éternelle
au muscle savant des mammifères
que ce soit dans l'enfer
le paradis
la blessure n'a de la fleur
que la robe éclatée
que le lob infini de sa tige
ployant en cicatrice vers
la mousse verte
vers l'ovale obligé de ta bouche
vers les plus petites bêtes
de la planète
la douleur est éternelle
au cœur savant
des mammifères
et des plus petites bêtes de la planète
car il n'y a pas de mesure
au sacrifice
car ma douleur ne fait plus, désormais
le compte

et peu importe
que ce soit dans l'enfer
ses purgatoires
il n'y a pas de chiffre à la douleur.

17.

Il n'y a pas d'économie de la douleur
plus jamais de nombre à ma douleur
des griffes plutôt et des sabots
bruyants
contre le front
contre le sexe
contre les voiles tendres du cœur
mais larguées, les voiles
et cognant, le cœur
une barque lourde de tous les tambours
du monde
une barque nègre et
Dante à la poupe hurlant
un prénom de femme
Béatrice, Laure ou Marie
le hurlant contre les rouleaux du
Pacifique
et dans les tempêtes joliment
surnommées
de la mer du Nord

car il n'y a pas d'économie
de la douleur
rien d'autre que le tonnerre
que la vocifération du marin
du plus haut du mât
que sa gorge éclatée
de mille syllabes étrangères.

18.

Le silence ne gagne rien sur la douleur
puisque jamais se taire ne nie
non plus pourtant que c'est la plainte
qui guérit
c'est toujours d'amour plutôt
que la bête
crie
imagine le cerf, le bouc
dans son château des pleurs
imagine le loup
qui vocifère en araméen
du haut d'un tas puant
quêtant à Dieu une pauvre consolation
le silence ne gagne rien sur la douleur
non plus que c'est la plainte qui guérit

quand la terre souffre
l'arbre ou l'eau
si l'on n'entend rien
ce n'est pas que ça se tait, se résigne
ou abandonne
c'est que la douleur
n'est pas de l'ordre du bruit
non plus que de sa fracassante dispari-
tion.

19.

Mais la douleur, c'est étonnant
a aussi ses applaudisseurs
servantes au rosaire ou
silhouettes enrobées
de couleurs balsamiques
grands oiseaux noirs
et silencieux déambulant
aux vieux jardins avec
livres et mouchoirs fins
tachés de salives de coin de bouche
car la douleur a ses distinctions
et ses applaudisseurs
au parterre
et à chaque coin du plafond
perchés
retournées
les ailes soigneusement repliées
contre leurs flancs neigeux
et chauves et
gras

car la douleur a sa distinction
la douleur a ses applaudisseurs
qui, trop souvent, nous grimpent
aux cheveux.

20.

Le poème pourtant
ne connaît rien de la douleur
pas plus que le mort
ne chante à l'heure de sa mort
malgré le souffle encore
malgré la voix obstinée
malgré la tête qui, furieuse, se redresse
et la bouche qui s'ouvre
avec noble et grande démesure
ainsi, le poème ne connaît rien de la
douleur
manque de plumes
le poème manque de plumes, de poils
de cartilages et de bréchets
manque même
des mots véritables de la douleur
mots sans voyelles
roulements et déjections
que des plaintes grasses aux portes cré-
matoires
que des porteuses de chagrin
pleureuses folles
aux ongles décollés contre les murs
des hurloirs

le poème est inadmissible
le poème est vain
car le poème, heureusement
ne connaît rien de la douleur.

21.

Mais il y a des douleurs
aux formes galantes
triangles tronqués ou ogives
des douleurs rondes
et chattes
aux chevilles gonflées d'acide
mes chevilles gonflées
d'acide roux
roux « lièvre »
mes douleurs aux formes galantes
disques lents ou colonnes fragiles
car la douleur est un temple
ma douleur est un temple
futur, dont j'ignore encore
le prénom russe
ma douleur est un temple
contre le souffle du loup
jusqu'à la fin de l'histoire

ma douleur
viendra de la mer
satisfaite et très fière
des douleurs prochaines
de sa vieille bête.

22.

Ma douleur
a ses joies
une jeune lectrice inconnue
mais ma douleur
n'est pas un cantique
ses joies mais rien non plus du bonheur
une truite entre deux serres
parlez-lui du bonheur
à l'oiseau
puis à la truite
parlez-leur de la désolation

ma douleur a ses joies, alors
faites-lui un compliment
comme à un petit animal
retournez-la sur le dos
fermement
entendez-en le bris
vraiment rien du cantique
qu'une musique d'os
la terrible percussion de deux corps
au centre lumineux de la douleur
et de sa prairie.

23.

La douleur :
un corps forcé
dans le vêtement d'un autre
ni trop grand ni trop
petit
mais qui tout de même étouffe
au collet
aux chevilles surtout
à l'aube précisément
à l'orée du sous-bois
le piège depuis longtemps
tendu
aux petites bêtes du matin
pour leur peau
ou pour le foie
le gésier et les pattes tendres
car la douleur bien sûr est carnivore
car la douleur
jamais repue
réclame et
hurle aux organes.

24.

Les douleurs
ne crient pas toutes
celles du soir
ne crient pas
celles du soir
rampent plutôt
avec le luxe maximum
des animaux à écailles
rampent jusqu'aux lieux
les plus secrets
du coude ou de la nuque
ce sont
les petites salamandres du soir
celles que l'on croit immobiles
alors qu'elles nous narguent
de tous leurs anneaux
ne crient pas, nous narguent
et rampent jusqu'aux lieux
les plus secrets, ricanantes
jusqu'au centre des dents
contre le cœur éclaté
de sucre et de bière et de viande

celles du soir
ne dorment
que de nous.

25.

La douleur ne pénètre
obscure, chaque fois
que le contraire absolu du corps
à ce
«je t'aime»
murmuré à la très jeune
même dans une langue morte
même bègue et maladroit
du renard à sa proie
de Dante à Bérénice
de Job à l'autre
du haut de son talus fumant

la douleur
ne pénètre
que le lieu de la langue
animale
informe et tonitruante
que le lieu d'une langue
même bègue
à jamais
inassouvie.

26.

La douleur :
trois chevaux de Lascaux
dans mes poumons étroits
les oiseaux d'un peintre russe
sur un plafond d'opéra
ou une figure vide après l'amour
un stupide poisson
et son oxygène fade
un ancien visage aimé
dans chaque bulle éclatée
sans parler d'un cri
sur un pont
où personne ne pêche
jamais plus ne pêchera
n'osera même croire
à ce stupide poisson
et à son oxygène fade
plutôt trois chevaux de Lascaux
dans mes poumons étroits
et les oiseaux d'un peintre russe
sur un plafond d'opéra.

27.

La douleur n'est pas une réponse
la douleur n'explique pas le monde
ni la douleur ni le regard
sur la douleur qui est aussi celui
– c'est étonnant –
de quelques femmes sur leurs visages
sur leurs mains tavelées
ou sur leurs cous qui ne sont plus les
cous
de jadis, de naguère ou de
« j'aime, tu le sais, le cou que tu as »
tout juste chanté
mais ça c'était avant la douleur
avant les mains tavelées
et le visage des femmes seules
qui, elles, ont appris
que la douleur n'est pas une réponse
aux longues questions
de décembre
lentement murmurées, lentement artic-
ulées
les bras gras enfouis
au plus profond du ventre éclaté
des trois lièvres roux
du dernier automne.

28.

La douleur souvent
n'est que le lieu de la douleur
ni pensée ni mémoire
que la surface de la douleur
comme un mouchoir, carré
une bague, comme
un crayon ardent
car la douleur qui s'installe
urine aux quatre coins
du lieu de la douleur
sans rage
sans provocation
légère même à sa façon
élégante même
à sa façon
d'une politesse cruelle
mais à sa façon
qui est celle des animaux à écailles
celle des salamandres
et des loups de fable
accroupis, souriant
au centre même
de la douleur.

29.

La douleur
est lenteur
et si j'en ignore
la vitesse propre
je sais qu'elle est
de tous les territoires
et de toutes les espèces
serait-il même seulement souhaitable
d'imaginer l'indolore
de s'en figurer l'animal ?
la douleur
c'est « le plus près »
rien de plus près que la douleur
et sa totale irrévérence envers le
corps
la douleur est le mot à mot
du corps douloureux
ni sa rupture
ni son échec
ni son déficit
la douleur
j'en suis convaincu
est le seul mot à mot
de mon corps douloureux

elle et moi
prenons parfois
des arrangements.

30.

La douleur est prose
et prose exacte
la douleur ne fait jamais d'erreur
n'est pas de l'ordre de
l'opacité
même si elle est
une nuit sans date
même si elle nous
pulvérise
et crie en secret

tant de petits fragments,
la douleur.

2

La fille qui était liège

(Douleur : dansée)

1999

1.

La mort est verticale
tantôt inspirée par le nez
du corps vertical bien que
très
légèrement arqué
en tamanoir improvisé
le corps est vertical
conquérant le corps aimé

mais si l'on insiste trop
sur cette joute
entre le vertical de l'un
et l'horizontal
– oh ! si bref ! –
de l'autre
c'est probablement le centre
qui en détruira l'équilibre

car la mort est verticale
et patiente : au centre
exactement

il est donc utile
d'en connaître les ruses.

2.

Ma père est mort
tamanoir improvisé
face contre terre
la mort verticale
aurait été *agonie*
et douleur posthume
la mort verticale
n'aurait même plus eu
l'allure de son propre
paradoxe

mon père n'y a pas consenti
rebelle : en cette seule et ultime
occasion.

3.

L'écriture de la douleur
est le besoin
perdu
comme une jupe
inutilement relevée

mais entrevoyons tout de même
entrevoyons !
avec la douleur qu'il faut
nous ne manquerons pas moins
de centre pour
la langue
ni de proportions géométriques
pour une éventuelle
Histoire de la mort

peut-être même y gagnerons-nous
quelques secondes de plus
contre une robe
précisément en ce non-jour
du père
et de mon âme de noyé.

4.

Il y a des chuchotements
qui ont créé des pays
il y a des chuchotements
qui ont créé
des douleurs
et même les seins immortels
de toutes les filles du monde

alors, plus de repos :
chuchotons !

5.

à Jessica

J'ai récemment connu
une jeune fille
les cheveux caillés
sans revolver pourtant
non plus que de sang
au crâne
ou sur la tempe

la *suicidée* respirait
en sa maison
souriait même parfois
se léchait elle-même
j'imagine
le sang caillé
jusqu'à l'entrejambes
car elle était agile
la *suicidée* qui respirait
la *suicidée* qui souriait

puis
elle est morte
à un rouet pourtant
sans aiguille

heureusement
même dans la douleur
il y a un ordre des choses.

6.

à Jessica

Voici une morte ordinaire
à qui l'on avait tout juste
refusé un vêtement

mais à ce tissu soyeux
moi
je lui ai trouvé le corps
précisément entre ma peau
et cet autre corps
qu'on lui avait refusé

j'en serai
un jour lointain
parfaitement tatoué
de cette robe,
la décollerai avec la délicatesse
danseuse de certains insectes
et pourrai alors
la lui rendre
enfin

elle se relèvera
cette morte ordinaire
me sourira
et, robe au corps,
poursuivra son chemin
transparent.

7.

Il y a des chambres
de maison
dont les filles sont
absentes
c'est la tristesse de l'air et
la forêt inhabitée
de tous ses mouchoirs
volants

si cela persiste
je deviendrai
ma propre douleur
mes propres hanches
ma propre chevelure
celle-là avec des nœuds

et j'applaudirai
tous mes organes.

8.

Il y a plusieurs visages
à la douleur
comme à chaque siècle
sa poudre
et son mousquet

je me suis demandé
un vendredi de juillet :
n'était-ce que par pure bravade,
cette baïonnette contre ma
tempe ?

et malgré le lieu commun :
mon père peut dormir fier
sa douleur apaisée
le fils a vaincu la ligne
du front adverse.

9.

Il me reste tant de façons
même désarmé de poudre
et de mousquet
de réinventer l'oblique exacte
de la lune et du livre
de fabriquer
ce qu'il nous faudrait bien
nommer :
Le reliquaire de l'éblouissement.

10.

Ces poèmes-ci
je le sais
sont aussi ceux du
mal
puisqu'ils parlent des filles et des filles
sans âge
quand, à peine les frôlant
je deviens le candidat
à toute honte bue
quand, à peine
les humant
je redeviens le candidat
à toute honte bue

la pierre unique où s'exercent
tous les marteaux douloureux
de mon corps.

11.

De filles à filles
elles sont intrépides
et bas-ventres
qui sifflent
des airs de fugue
clairs et sonores

elles ne conspirent pas
sont simplement
naufragées

j'en ai connu une
elle était liège, larme salée
et bois flottant
à chaque trou de ses veines

on ne l'a plus revue
depuis.

12.

Voici ce que vous pourriez
dire de moi :

« Il n'entendait rien
aux filles des filles
ni à leurs lèvres
sauf quand il les y rejoignait
ni à leurs plaies
sauf quand il les leur laissait
aussi vives que
l'émeute

et que l'on pense à l'émeute :
celle des feuilles nouvelles
qui souffrent s'ouvrant
alors que nous ne savons
que saluer leur apparente
et calme beauté. »

13.

Je n'entends rien
aux filles des filles

voici ce que vous devriez
ajouter sur moi :

« Il était l'étranger de l'étranger
des filles des filles
il n'a jamais été
son propre garçon
il n'a jamais été à ses côtés
il s'est déserté lui-même
et s'est satisfait
avec la prétention du cœur
de LEVER
comme on le fait,
avec les bêtes, au collet :
des mots de douleur.

14.

Il y a des orchestres secrets
et des langues
dont les filles des filles
n'ont pas encore prononcé
ces paroles
exactes bien qu'insensées

c'est qu'il ne nous reste
rien de moins
qu'à réinventer le langage
afin d'arriver
peut-être
à en comprendre
deux ou trois consolantes
incertitudes

mais
je le crains :
le visage des filles
à lui seul
suffira sans doute
à garder cette langue
éternellement secrète.

15.

Il arrive que le visage
des filles
soit semblable
à la rencontre des deux
océans :
lequel souffre le premier
de perdre son nom ?
quelle vague
une seule, retournée,
en décrète ?
quelle écume célèbre sa joie
oui, sa joie
mais toujours avec cette compassion
celle-là seule de la nature
qui ne peut que se pleurer
elle-même

à l'infini.

16.

Il y a parfois
des hoquets gonflés
de folie
chez les filles des filles
levées en corps
par l'éther d'un désir
dont ne leur échappe
que l'inguérissable douleur du
réveil

mais malgré tout
les filles des filles
sont mon tableau
vivant
mes poumons
et ma MER définitive.

17.

J'aimerais bien
comme il y a si longtemps
déjà
ne penser qu'aux orangeades
et à Monteverdi
surtout *Les Vêpres*
surtout *Suscepit Israël*

mais je ne suis plus
qu'un système de passions noires
car tous les dragons d'enfance
sont revenus
et je me suis fait
système de passions
un véritable programme d'agonie

je suis le défectueux
de la matière
celui qui a connu
une fille qui était liège
elle buvait du vermouth
héroïne
assise au châssis
de sa chambre :
tout juste entre
système de passions
et *machine de détresse.*

18.

Tu es éternellement
demain
et tous les inconvénients du
cône
quand un simple tissu suffit
à faire
l'inventaire du chagrin

tu es éternellement
demain
toutes mes maladies
dans tes ailes
et dans tous les infinitifs
de tes ailes :
bas blancs théoriques

il ne te reste plus
qu'à m'inventer
convenable
une position de corps
dans la mort.

19.

Je t'embrassais au bord de ta pensée
avec l'habitude savante du raconteur
moi moi mollement
accroché
à l'espoir de comprendre
l'équation triste
dont mes exigences douces
demeurent les seules inconnues
entre *ravage* et *rêve flûté*

c'est à ce moment-là
que j'ai recommencé
à entendre
les bruits de folie
de ma marche :
je sais que je serai
toujours l'aîné
de ma mort

quant à toi
il se peut qu'un jour
tu t'en souviennes, du réel
alors je te le souhaite
autrement dit,
le réel.

20.

Une femme aimée me dit :
tu as écrit ta vie comme une fiction !

si je commence un poème
ainsi :

Une femme aimée
me dit:
« Tu as écrit ta vie
comme une fiction ! »

où suis-je finalement
sur la carte ?
quelle est la nature
de mon territoire ?
laquelle des deux affirmations
tient davantage du récit
ou de la condamnation ?

21.

Alors je voudrais
qu'on y lise
en suivant du doigt
sous la ligne
(index !)
car je tiens à tous les mots
– semblables en cela
aux monnaies –
tant aux faux qu'aux véritables

la fille qui était liège
obligée ainsi à la lenteur
s'étonnera moins de la prouesse
que de l'art du trompe-l'œil
à chaque ligne,
exercé

puisqu'il se peut
que je vive chaque passion
comme l'ultime anamorphose
du cadavre à venir.

22.

Nous devrions
une fois la chose
accomplie,
avoir un nom de mort

le fantôme alors
aurait des pensées écolières
et occuperait l'éternité
en gymnastiques osées
ventriloquant
son nouveau nom *propre*
son nom de mort.

23.

à A. P.

Un ami mort
a fait de sa mort
ma longue distraction

aussi ce livre
aurait-il aussi bien pu
s'intituler :
Hypothèses de deuil

car la mort
est un furieux
rendez-vous

j'ai annulé,
cette fois.

24.

Je sais cela des mots
que l'émotion a sa diction
et son petit carnet à devoirs

je sais cela des mots
qu'ils ont des points exquis
et meurtriers, parfois
je sais
que la grammaire
a des séductions délinquantes
bien plus efficaces
que la beauté ou l'effraction

j'en connais
toutes les douleurs
et l'impiété
un jeu mortel
un jeu d'enfant,
quoi.

25.

Je fais tapage
échevelé de mots inlassables
définitifs
je fais tapage de mots légués
par les lèvres de tant
d'amoureux dont la langue
est tombée à force de
répétition

je fais tapage
mais conjugue mon tapage
jusqu'à ce que
tapage et *chant*
s'accompagnent
en un seul désespoir

attention : visage !

26.

La fille qui était liège
prend la main de Walt Whitman
il y a là ruissellement et rythme
du ruissellement
elle guide la main de Walt Whitman
dans le *Cahier de rythmes*
lui fait rayer les mots
théologie et *dévotion*
lui fait plutôt répéter :
la mort dans le ciel me chuchote
une fois encore
une dernière fois
puis
l'ultime.

27.

Je vis dans l'incrédible
et l'inépuisable
je n'endors plus personne et plus per-
sonne
ne m'explique
la raison des choses
de l'incrédible
et de l'inépuisable

je ne comprends plus rien
aux demeures humaines.

28.

Dans l'ordinaire de la mort
les images maintenant
me désertent, ni bêtes
ni poissons ou *feuilles d'herbe*

il faut bien croire
que j'ai
en ce juillet hors-langue
le désir du terrible
et des gifles de sang

je ne me sais plus
aujourd'hui
la patience de désencombrer
la terre entière.

29.

Ça défaille
et pense de plus en plus
en mortel
– embarquement et cortège –

maintenant
c'est comme *composer*
du bruit
comme s'imaginer
des îles sans géographes
ou la pensée des voyelles

il m'arrive même de penser
un solfège du désir.

30.

Nous aurions pu visiter
un volcan
ou le désert
mais je n'aurai été
que ma propre dévoration
la cervelle menuisée
à hauteur de mort
et de déraison

la fille qui était liège
elle-même
n'aurait su atténuer
l'épouvantable
et pourtant si sourde présence du
cri
de sa veine

avoir aimé
et rien de plus.

3

Chuchotons

(Douleur : murmurée)

1989-1999

moi est mort

Walt Wihtman

1.

L'amour n'est
que le bruit irrégulier
de sa propre audace
l'invisible couturière
et la vision verticale
sur la robe du corps aimé
le dernier étage du poème
et sa figure possible
sa composition
et tous ses tambours

tu étais devenue à la fois
ma préhistoire
et ma fenêtre brisée
le chant agonisant
de toutes ces bêtes
qui n'existeront
jamais.

2.

Tu étais l'intention principale
et le texte du mal
comme la nature
qui demande un effort
et exige la turbulence
des filles et des petits-enfants
tu étais aussi
mon extrême fatigue
la succession inlassable
des jungles et des déserts
moi, le dormeur,
et toi, la procession
des siècles futurs

3.

Tu étais l'antiquité
du désir
moi toujours le puéril
avec la voix des animaux
cruels, toi
la pieuse et la transe
grave et légère
et c'est pourquoi
je t'aime encore
avec mon corps réel
et avec la beauté des audacieux
car tu étais
chaque matin
le catalogue des croyances.

4.

Jadis
tu étais le sang séché
sur moi
mais tous les océans
pour m'en laver
tu étais le cercueil
où m'allonger

tu m'as installé
dans l'immense désordre :
celui des donjons
et des échafauds
mais tu as coupé la
corde et m'as enfin montré
la beauté de la
relique.

5.

Je ne me résigne pas
le cœur ne se résigne pas
non plus que la douleur
aux proportions pourtant
exactes
de la Nature
chaque soir
sous les côtes gauches
et derrière le poumon
de l'homme

mais tu demeures le concept définitif
et le mot authentique
de ma survie.

6.

Je n'ose plus regarder ma mort
qu'avec les yeux des animaux
légers et aquatiques

tu es le fragment blessant
ou la totalité ?

mais même si tu n'es plus toujours
la réponse amoureuse
tu demeureras
mon dernier dictionnaire.

7.

Je suis dévoré
par le visage
il est la troupe
la foule
et la parade
de toutes les îles

la mer
serait peut-être
notre seule paix
et le nettoiement
de nos deux bas-ventres.

8.

Qu'avais-tu donc à voir
là-dedans ?
ma mort précoce ?
tu aurais donc été
mon thème enfin clair ?
je t'imaginais plutôt
comme la respiration mouillée
sans méthode
sans théorie
qui, devant la mer
résiste à sa vague

sinon
et c'est ma dernière promesse
je t'y rejoindrai.

9.

Tu n'étais pas que l'intervalle
tu as simplement pris
ma mesure
comme une planète celle
de ses lignes
verticales
horizontales
puis qui, détruite
ne sait plus compter

je ne compte plus
ni un ni deux
ni trois
puisque tu es maintenant
la disproportion
et sa rage.

10.

Je crois plutôt que je
suis
le couteau de la folie
l'insurrection
et l'inconfortable certitude
celui qui souhaiterait être
ta fête recommencée
et ta plus belle
impatience.

11.

Serais-je ton adopté ?

qu'une rare certitude :
tu es mon bras de mer
et la fin de l'exercice

qu'une seule concession :
je ne te baptiserai pas

plutôt l'ovation
des bêtes de nuit
devant l'imprévisible
nouvelle lune
car tu es mon ruissellement pâle

et l'éternelle recrue.

12.

J'ai encore moins peur
des abeilles
comme de tes monstres marins
puisque tu es la plus vieille
et la plus grande église

ne t'inquiète plus
laisse la lumière
dis-toi
que, crématoire je veille.

13.

Tu ne te souviendras que
de la figure d'un homme maigre
dont ton enfant avait dit :
« pas maigre, étroit, il est étroit »
et elle aurait pu ajouter, l'enfant :
« étroit en son désespoir muet »
mais elle ne connaît encore rien
au désespoir
l'enfant qui suggère « étroit » plutôt que
« maigre »

et c'est pourquoi elle a raison
elle est au plus près des mots
de leur rare vérité
tant eux-mêmes mentent
tant ils manigancent

tu auras été le point-virgule
du désir
ma petite sœur
et le vitrail
de la toute dernière forêt.

14.

Chuchotons :
nous sommes aujourd'hui
du côté du malheur
tu étais le bal
tu demeures le bal mais sous ta robe :
le véritable bal

voilà le chuchotement
extrême
la fête enfin
et la confession muette
sans retenue
car mon cri en serait un de guerre
mais tu m'as imposé
le chuchotement triste des insectes.

15.

Je chuchote
comme on écrit
sur un pupitre
à celle qui se croira l'élue

alors commencera le chagrin
du chuchotement
puisque celle qui lira
sera-t-elle seulement
la secrète aimée?

aussi, je ne lis plus les
pupitres;
crêpé
je ne suis plus qu'un survivant
tu es le psaume des quais
et moi le résolu

tu auras réussi à m'abstraire
jusque dans mon désir
de toi.

16.

à mon ami Germain Autote

Il n'y a peut-être qu'une
seule chose
à chuchoter
(la haute voix en serait
la catastrophe) :
« il ne manque rien à l'homme
il ne manque rien à la femme
c'est l'univers même
qui est le lieu de l'insuffisance
c'est l'univers
qui est le territoire du manque
et de la déficience »

heureusement :
le halètement
et jusqu'à la disgrâce
transformée en moisson
de légers mensonges

mon amour ne perdra
jamais pour autant
sa démesure.

17.

Et pourtant
un bout biseauté de paille
une poudre cuisante
simplement
l'au-delà reniflé
et diésé
avaient fait d'un simple lit
une géographie géante
et inventé le tourisme éternel

je te chuchote donc ceci :
« Mon corps
il est écrit ;
il faut maintenant
que ce soit ce même corps
voyageur
qui chaque fois en déplace la phrase
et en inquiète infiniment
le style. »

18.

Tu étais aussi
toutes ces années
la preuve vivante du rêve
contre tous les crânes plats
du plaisir ordinaire
tu es venue de gauche
sur la pointe des pieds
amorcer légalement
ma propre mort

entre la littérature
et la pharmacie
nous avons risqué
une vérité singulière

dommage qu'il n'en soit
advenu que la cécité du cœur

car tu étais
à toi seule
le défilé
presque tout le défilé.

19.

Aimer
c'est déjà murmurer
dire en coin
et le murmure de nouveau
jusqu'aux aisselles
sous les ongles
et les gencives
des poils délicieux
sous la langue

avec moi, pour la joute
tu as risqué
mais en amour véritable
c'est toi
qui es devenue
la machine de guerre

l'ogive murmurante.

20.

Attention
ce poème est en position de tir :
j'avais préparé la crèche
la nappe
et même quelques mots
de messe
pour mon retour

mais nous n'aurons eu
que la pudeur du poème
que la blessure du poème
nous nous serons satisfaits
de fabriquer du souvenir
puisque tu m'auras
si rapidement oublié
au vestiaire

depuis
je ne suis plus qu'en
promenade.

21.

Il ne me reste plus
qu'à prendre l'exacte mesure
de mes rêves
sans supplique, surtout sans supplique
que quelques mots très approximatifs
des noms de maladies
chuchotés, des prénoms
d'amantes, chuchotés
et quelques poudres
en mêlées douces

puisque
je ne cherche plus de
définition

j'avais oublié que
tu étais la définition.

22.

Une seule jambe
déjà
peut être
une idée mortelle

une seule jambe déjà
peut-être une idée
mortelle
et une grammaire ailée
pour le double païen
que je suis

ce soir
il y a véritablement un fou au lit

et quand sa veine s'ou-
vre
– si peu de sang pour un seul homme –
on croit y voir
au plus creux
une femme
contre-réelle.

23.

Tu m'auras aimé
au sens fort de la gifle

j'offre donc mon cul
à l'œil de Dieu

même si on m'a si souvent
sauvé la vie
que l'addition risquerait
de nous rappeler
les grands Océans de la terre

ce soir

je n'en entends pas moins
distinctement le bruit
d'un bris de cou
énergumène
à la ligne à linge.

24.

Tu es la hache
sur laquelle je me serai
couché
comme s'il s'était agi
de la toute première histoire
du monde
mais il faut se méfier
de la prétendue vérité
des livres
et de ce qu'ils nous murmurent
sur la vie   sur la mort

aussi m'imaginais-je
avoir très peur
de la mort
mais cela c'était bien avant la
mort du non-livre
désormais, j'en sais tout à fait
la frayeur
et tous ses gras contours.

25.

Nous étions une *menace*
il y a des mots
comme celui-là
que l'on n'ose souvent
que chuchoter
et qui n'apparaissent enfin
écrits, hurlés
que quand leur réalité, elle,
a disparu

nous ne sommes plus une
menace
que pour la mémoire de
ceux qui s'en seront inventé
les images dont ils auront souffert

une chose pourtant demeure
disqualifié
l'éternel et pâle veilleur de nuit
que je reste
ne l'avait-il pas exactement prédit
son double Waterloo en robes noires ?

26.

Vers la vase
au fond d'une rivière
dont j'ai oublié le nom
avec la lenteur
d'un premier baiser
coule
l'arme
qui tantôt me léchait
la tempe
me chuchotant quelques obscénités

je ne suis plus en danger
de mort
ce soir
l'ordre mathématique
des cheveux
figure toujours le *la*
de mon désir.

27.

Ton cœur
n'est peut-être
toi aussi
que la chose chaude
où ça cogne

et alors
toi aussi
tu ressembles
à ce doigt
de gant
retourné vers l'intérieur?

mais ne sois pas trop licorne
car son jardin
– te l'a-t-on seulement déjà dit? –
est clos
à jamais
sa futaie, impénétrable

tu m'offrais peut-être la brèche
je n'y as rien compris
non plus que cette lenteur
du premier baiser.

28.

Je me rappelle
une parole dressée de promesses et
de certains bas de jupes

tu m'aurais fait croire
aux arrières-mondes
à la chasteté presque
et à sa moelle
tant tu es une passion
de haut de tour

mais la longueur des cheveux
n'est souvent que le leurre
maximum
tel le tweed lilas
de certaines fleurs :
poèmes en acte

car il y a le poids de l'amant
qui à la fin
s'y agrippe, à la chevelure
et la grimace, enfin, du crâne
de cette belle
qui, patiente pourtant
tout là-haut
nous rappelle
à chaque enjambée
l'accablante fréquence du malheur.

29.

Attention :
ce poème est chuchoté en demi-deuil
avec la lenteur
d'une déclinaison
nouvellement apprise
d'une dictée aux mots rares
et piégés
muette presque
dans le bruit du Monde

tu ne m'auras
tout compte fait admis
que dans la durée
et dans la rumeur
qui est elle-même
durée, souveraineté
et approbation

mais sans doute n'as-tu pas
tout compris
au récit immense
de nos instants

empêcheuse de réel
tu ne m'en auras consenti
que l'éternel album.

30.

Il n'y a peut-être qu'à
Lascaux
que le souvenir n'est pas
de l'ordre
du *débris*

le souvenir *est* débris
tout le contraire de l'apaisement

mais le véritable malheur
du souvenir
en demeure l'impossibilité même :
certaines régions interdites de ton corps
mon souffle entre tes cuisses
tes cheveux perlés de nœuds
et l'inexplicable bijouterie enneigée
de tes seins

décidément
en dix ans
nous ne nous serons que
crayonnés

je demande l'immunité
pour la suite
du jour.

Épilogue

Laisse parler le cœur

musique de Sylvain Lelièvre
paroles de Normand de Bellefeuille

LAISSE-MOI TE PARLER DU COEUR
Paroles: NORMAND DE BELLEFEUILLE
Musique: SYLVAIN LELIÈVRE
MODERATO
Dm G13 Dm7 G13
LAIS-SE-
Gm7 Gm6 Am7 D7+5 D7
-MOI TE PARLER DU COEUR LE COEUR N'EST PAS CE QUE TU CROIS QU'U-NE
Gm9 A7-9 Dm D7+9/F#
CROIX AU MILIEU DES FLEURS DEUX FLEURS TRISTES POUMONS ÉTROITS CAR

-2-
CE COEUR-LÀ DONT JE TE CAUSE
L'OISEAU LA CAILLE LE PETIT RAT MOURANT
TOUCHE-LE SI TU OSES
4e
CE COEUR PAROLE TE RÉPONDRA
LAIS-SE-

Partition musicale reproduite
avec la permission des éditions Basse-ville

Laisse-moi te parler du cœur

Laisse-moi te parler du cœur
le cœur n'est pas ce que tu crois
qu'une croix au milieu des fleurs
deux fleurs, tristes poumons étroits

Car ce cœur-là dont je te cause
l'oiseau, la caille, le petit rat
mourant, touche-le si tu oses
ce cœur, parole, te répondra

Laisse-moi te parler du cœur
qu'on n'attend plus, qu'on n'entend pas
qui ne bat pas toujours à l'heure
ni ne se laisse mettre au pas

Dans sa caverne aux couleurs tendres
hésite, tousse tousse et cogne
ce cœur que je voudrais te tendre
caché dans ma poitrine borgne

Laisse-moi te parler du cœur
avec trois mots et quelques larmes
ce cœur n'est plus qu'un déserteur
piégé entre l'esprit et l'âme

C'est ce cœur-là malgré le râle
malgré les ratés du batteur
malgré le voile, les veines pâles
que je te chante avec ma peur

Laisse-moi te parler du cœur
mais oublies-en l'ultime danse
invente plutôt le bonheur
invente ma dernière chance

N'écoute plus, ouvre le cœur
avec tes doigts, avec ta langue
l'oiseau, la caille, et cette odeur
de tout ton corps qui tangue, tangue